Wiesenklee

Inhalt

Die Märchenwelt der Natur

In der Natur geschehen viele Dinge, die wir nicht sehen oder verstehen können. In all dem scheinbaren Durcheinander passiert nichts zufällig. Nicht einmal die Insekten fliegen nur einfach so herum. In ihrer Welt herrschen genauso viel Ordnung und Klarheit wie in der Welt der Menschen.

Dieses Buch erzählt vom harmonischen Zusammenspiel von Hummeln und Pflanzen. Es handelt vom Leben der Hummeln und ihren Besuchen auf der Blumenwiese.

Wusstest du, dass Blumen eine Art Wegweiser für Insekten haben? Oder dass Hummeln blaue und gelbe Blumen lieben? Und dass sie eine Duftspur in der Natur hinterlassen?

Die Beschäftigung mit Pflanzen nennt man Botanik, und das ist eine sehr spannende Wissenschaft! Das Buch soll deshalb auch ein erstes Bestimmungsbuch sein. Es stellt sechzig unserer häufigsten Gewächse vor.

Einer der bekanntesten schwedischen Hummelkenner, Björn Cederberg von der ArtDatabank in Uppsala, hat unser Buch geprüft und uns fachlich unterstützt.

Wir hoffen, dass es dir in der Welt der Hummeln gefällt!

Stefan Casta und Maj Fagerberg

Einige Worte für den Weg

Kronblatt
werden die farbigen (oder weißen) Blätter genannt, die die Blume umgeben.

Kelchblätter
sind die kleineren, grünen Blätter unter der Blüte. Sie schützen die junge Blütenknospe.

Staubgefäße
sind dünne Fäden in der Blüte, die in einem kleinen Beutel enden. Sie sind der männliche Teil der Blüte.

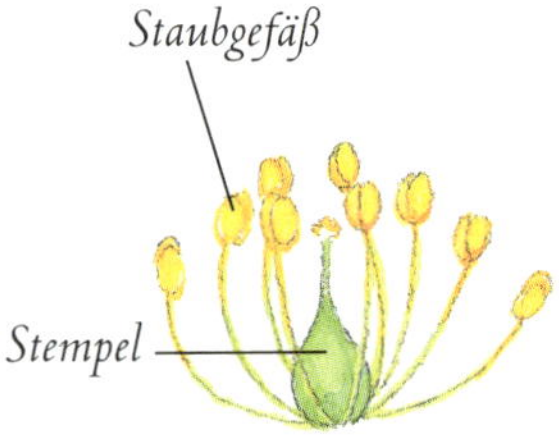

Pollen
besteht aus winzigen, mehlartigen Körnern, die auf den Staubgefäßen sitzen. Er wird auch Blütenstaub genannt. Hummeln und Bienen benutzen ihn unter anderem als Futter für ihre Larven.

Stempel
nennt man den dicken Knoten samt Faden, der häufig mitten in der Blüte sitzt. Stempel sind der weibliche Teil der Blüte.

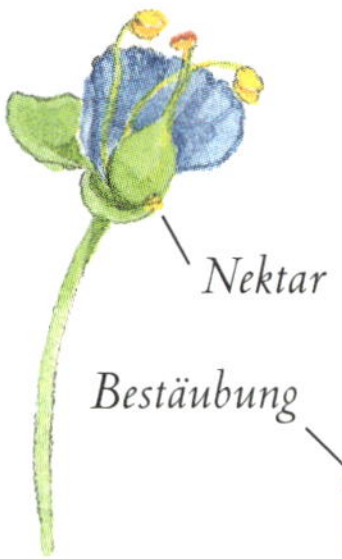

Nektar
ist ein süßer Saft, den die Insekten aus der Blüte holen. Aus dem Nektar machen Hummeln und Bienen Honig.

Bestäubung
Wenn Pollen mit dem Stempel in Berührung kommen, sagt man, dass die Blume bestäubt oder befruchtet wird. Dann können sich Samen bilden.

Stefan Casta • Maj Fagerberg

Das kleine Hummelbuch

Aus dem Schwedischen von Angelika Kutsch

SAUERLÄNDER

Salweide
Hasel

Die ersten Blüten des Jahres

An Weiden und Haseln kann man schon Blüten finden, wenn der Boden noch mit Eis und Schnee bedeckt ist. Das kommt daher, weil ihre Wurzeln tief in der Erde sitzen, wo diese meistens nicht gefroren ist.

Doch nach einem richtig kalten Winter blüht zuallererst der Huflattich. Dann ist der Boden auch tief unten in der Erde gefroren, und die Baumwurzeln können kein Wasser aufsaugen. Der Huflattich jedoch kann dank seiner dicht unter der Erdoberfläche kriechenden Ausläufer blühen, sobald die Sonne das erste Eis weggetaut hat.

Die Hummel schläft im Schatten
Das Winternest der Hummel befindet sich oft an Abhängen. Dort oder an Wegrändern schlafen sie gerne, und fast immer auf derselben Seite: der kältesten.

Wenn die Frühlingssonne scheint, schmilzt der Schnee zuerst auf den sonnigen Seiten. Dort wird es schön warm. Bald findet man den ersten Huflattich. Aber die Hummel schläft immer noch in ihrem Nest.

Sie will lange schlafen
Erst wenn der Frühling richtig da ist, wird es auch auf der Schattenseite warm. Dann erwacht die Hummel. Jetzt ist das Wetter zuverlässiger. Und es blühen bereits mehr Blumen, aus denen die Hummel etwas zu essen holen kann.

Würde sie ihr Winternest auf der sonnigen Seite bauen, würde sie das Risiko eingehen, viel zu früh aufzuwachen.

Huflattich

Auf der Suche nach dem Frühling

Der Tag, an dem man die erste Huflattichknospe findet, ist ein besonderer Tag. Da fühlt man tief in sich drinnen, dass es nun bald Frühling wird. (Das fühlen die Hummeln wohl auch!) Wenn man ein paar Knospen pflückt und sie in einem mit Wasser gefüllten Eierbecher auf den Küchentisch stellt, lassen sie bald ihre gelben Sonnen aufgehen.

Huflattich findet man leicht, wenn man nach seinen alten Blättern sucht, die wachsen, wenn die Blüten verwelkt sind. Sie liegen auf der Erde wie schwarzer Ruß.

Pflück nie alle Blüten ab, die du findest. Lass immer einige für die Hummeln übrig.

Wenn Schnee schmilzt, wird er farblos
Schnee ist eigentlich gar nicht weiß … er sieht nur so aus! Er besteht aus gefrorenem Wasser und Luft und enthält keine Farbstoffe. Das Licht spiegelt sich in dieser Schneemasse, sodass sie weiß aussieht.

Wenn der Schnee schmilzt, verschwindet die Luft, es bleibt nur noch klares Wasser übrig. Wenn er wirklich weiß wäre, sähe es aus, als ob Milch in die Frühlingsbäche fließen würde …

Genauso ist es auch mit dieser Frühlingsblume, dem Schneeglöckchen. Es hat auch keine echte Farbe. Wenn man die weißen Blütenblätter zusammendrückt, wird die Luft herausgepresst, und die Blätter werden ganz durchsichtig.

Schneeglöckchen

So wohnen Hummeln

Steinhummel

Im Frühling sieht man nur große Hummeln. Das sind die Königinnen (Weibchen). Jede gründet ihren eigenen Hummelstaat. Sie fliegen los und suchen nach einem Platz, wo sie ihr Sommernest bauen können.

Die verschiedenen Hummeln leben an verschiedenen Plätzen. Manche bauen ihr Nest gern unter Steinen. Sie heißen Steinhummeln.

Eine andere Hummel wohnt gern in ausgehöhlten Baumstämmen oder in einem leeren Vogelhaus. Diese Hummel heißt Baumhummel.

Aber die meisten wohnen in der Erde wie die Dunkle Erdhummel.

Baumhummel

Dunkle Erdhummel

Wühlmausnest gesucht

Die Hummeln, die in der Erde wohnen, bauen am liebsten in verlassenen Wühlmausnestern. Sie sind mit einem weichen Gras ausgepolstert, das die Hummeln mögen.

Deshalb gibt es an Stellen, an denen es Feld- und Waldwühlmäuse gibt, auch immer viele Hummeln.

Der Wald blüht

Die **Wald-Gelbsterne** wachsen aus kleinen Zwiebeln in der Erde. Früher wurden die Zwiebeln auch »Erdnüsse« genannt und gern von im Wald freilaufenden Schweinen gefressen.

Leberblümchen blühen jeden Frühling an derselben Stelle. Eine Pflanze kann 700 Jahre alt werden! Aber sie verbreitet sich sehr langsam. Deswegen stehen Leberblümchen an vielen Orten unter Naturschutz.

Buschwindröschen darf man pflücken, denn sie wachsen schnell. Immer mehr Blüten erscheinen, bis der ganze Wald weiß leuchtet. Es verbreitet sich unter der Erde an einem kleinen Erdspross, der aussieht wie ein dünnes Ästchen. Aus ihm wachsen alle Blüten und Wurzeln.

Auf den sauren Blättern des **Waldsauerklees** kauen Kinder und Erwachsene gleich gern. Früher gab man die Blätter in Saft, damit er frischer schmeckte. Die Blüten sehen kleinen Buschwindröschen ähnlich.

Waldsauerklee

Maiglöckchen

Maiglöckchen blühen, wenn es draußen schön warm ist. Dann duftet der ganze Wald nach ihnen. Wenn sie verblüht sind, wachsen rote Beeren. Sie sind giftig, ebenso wie die grünen Blätter.

Der **Siebenstern** wächst mitten im dunklen Wald. Er blüht auf, wenn der Sommer beginnt. Die Blüte hat sieben Kronblätter. Früher glaubte man, die Blumen seien heilig, denn Sieben ist eine heilige Zahl.

Siebenstern

Bei der Hummel zu Hause

Die Hummelkönigin baut ihr Nest aus Wachs, das weich und geschmeidig wie Teig ist. Das Wachs schwitzt sie über mehrere Hautdrüsen aus. Damit das funktioniert, muss sie viel fressen, und ihr muss richtig warm werden.

In der Nähe des Nesteingangs baut sie einen kleinen runden Topf für den Honig. Einen weiteren Topf baut sie mitten im Nest. Dahinein legt sie den Pollen von verschiedenen Blumen. Darauf legt die Königin etwa acht Eier.

Aus den Hummeleiern schlüpfen Larven. Sie sehen aus wie winzige weiße Würmer. Die Larven ernähren sich von dem Pollen im Topf.

Die Königin brütet wie ein Vogel

Die Larven müssen warm gehalten werden. Nur so können sie sehr schnell wachsen. Deshalb sitzt die Königin auf ihnen und brütet, genau wie ein Vogel. Dabei zeigt ihr Kopf zum Nestausgang.

Wenn die Larven etwas größer geworden sind, spinnen sie sich in einen kleinen Seidenbeutel ein, in dem sie ganz still liegen. Dort entwickeln sie sich zu fertigen Hummeln. Das dauert ungefähr eine Woche.

Arbeitshummeln sind klein wie Fliegen

Eines Tages krabbeln die neuen Hummeln aus dem Nest heraus. Sie sind nicht größer als Fliegen. Es sind Arbeitshummeln. Sie helfen der Königin, Pollen und Nektar zu sammeln.

Die ersten Arbeitshummeln fliegen im Mai, wenn Löwenzahn und Obstbäume blühen. Es können bis zu vierhundert Arbeitshummeln im Nest werden. Jene Hummeln, die später schlüpfen, sind größer als die ersten, denn dann gibt es mehr Nahrung.

Das Hummelnest gleicht einer Schatzkammer
Wachs zu machen ist anstrengend. Darum verwendet die Königin es mehrmals. Die leeren Töpfchen, in denen die Larven gelegen haben, werden jetzt für Pollen und Nektar benutzt.

In einem Hummelnest ist es ein bisschen unordentlich, nicht so ordentlich wie in einem Bienenstock. Aber es wirkt gemütlich.
Der Nektar glänzt golden und der Pollen in den Töpfen schimmert rot und gelb. Fast sieht es aus wie in einer Schatzkammer.

Die Welt ist … … voller Pollen

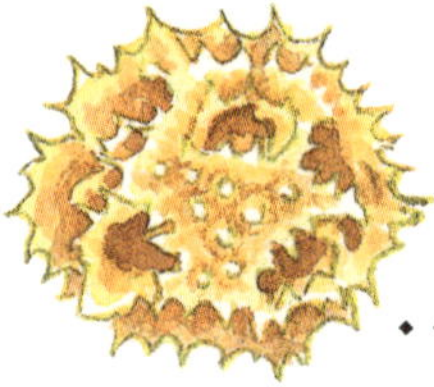

Der kleine »Goldklumpen« hier oben ist das vergrößerte Pollenkorn eines Löwenzahns. In Wirklichkeit ist das Korn so klein, dass wir es mit bloßem Auge nicht sehen können. Wir können nur Klumpen von vielen Pollenkörnern erkennen.

Auf dieser Seite kannst du sehen, welche Farbe die Pollenkörner einiger Pflanzen haben. Sie stimmt häufig nicht mit der Farbe der Blütenblätter überein. Der Pollen der blauen Rundblättrigen Glockenblume ist weiß. Wenn du an einem Löwenzahn riechst, kriegst du eine rotgelbe Nase. Dann hast du einige Tausend Pollenkörner abbekommen!

Die Pollenkörner jeder Blume sind anders. Einige sind rund, andere länglich. Manche sind glatt, andere löchrig. Die des Löwenzahns sind rund und stachlig.

Hummeln tragen Pollenhöschen

Pollen sind gesunde Nahrung für die Larven der Hummeln. Die Hummeln sammeln Pollenkörner in kleinen »Körben«, die an ihren Hinterbeinen sitzen. Sind sie gefüllt, leuchten sie farbig. Man sagt, dass die Hummeln dann Pollenhöschen tragen. Wenn man die Farbe der Hosen erkennt, kann man herausfinden, wo die Hummel gerade war …

Sicher verpackt

Fast alles in der Natur vermodert früher oder später und wird zu neuer Erde. Nicht so die Pollenkörner. Viele halten sich über Tausende von Jahren. Ja, sogar bis zu Millionen von Jahren. Das ist möglich, weil sie von einer schützenden Schicht umgeben und so sicher verpackt sind. Pollenkörner können also davon zeugen, welche Gewächse es früher einmal an einem Ort gegeben hat.

Wiesenklee

Salweide

Buschwindröschen

Echte Schlüsselblume

Was ist ein Honigmagen?
Damit sie Kraft zum Fliegen hat, muss die Hummel natürlich fressen. Manchmal hält sie an und tankt ein bisschen Nektar aus einer Blume.

Wenn du ein Blütenblatt von einer Schlüsselblume abzupfst und daran saugst, schmeckst du etwas Süßes. Das ist Nektar.

Preiselbeere

Die Hummel saugt den Nektar mit ihrem Rüssel ein. (Die Zunge der Hummel wird tatsächlich Rüssel genannt, genau wie die Nase eines Elefanten!) Er sieht aus wie ein kleiner, dünner Schlauch, der in die Blüte gesteckt wird. Der Nektar fließt durch den Hals der Hummel in den Honigmagen. Der sitzt wie ein kleiner Beutel im Hinterteil der Hummel. Manchmal sammeln die Hummeln so viel Nektar, dass sie fast keine Kraft mehr haben, um zum Nest zurückzufliegen.

Löwenzahn

So wird aus Nektar Honig
Schon im Honigmagen der Hummel beginnt die Umwandlung des Nektars in Honig. Dazu wird er mit anderen Stoffen aus dem Hummelkörper vermischt.

Wenn die Hummel ins Nest zurückkommt, pumpt sie den Nektar in einen Wachstopf. Hummelhonig ist dünn wie Saft, im Unterschied zu Bienenhonig, der häufig dick wie Sirup ist. Der Hummelhonig wird fast sofort aufgefressen, während der Bienenhonig für den Winter aufbewahrt wird.

Kornblume

Weidenröschen

Huflattich

Weißklee

Geschlitzblättriger Löwenzahn

Hummeln mögen Löwenzahn

Wenn der Löwenzahn blüht, bekommen die Hummeln viel zu tun. Wiesen und Wegränder leuchten von all dem Gelb. Und überall schwirren Hummeln herum, die Pollen und Nektar sammeln.

Aber der Löwenzahn ist gerissen. Er geizt mit seinem Nektar. In jedem Blütenkorb gibt es nur einen winzigen Tropfen. Andererseits gibt es viele Blütenkörbe. Deshalb können die Hummeln auf einer Fläche von einem Quadratmeter jeden Tag einen Esslöffel voll Nektar sammeln.

Obwohl der Löwenzahn so fleißig von den Hummeln besucht wird, braucht er die Hilfe von Insekten eigentlich nicht. Er gehört zu den wenigen Blumen, die sich selbst bestäuben können.

Aber warum lockt er die Hummeln dann an? Man glaubt, es könnte so sein: Auf der Wiese wollen sich auch viele andere Blumen ausbreiten. Aber da der Löwenzahn die Hummeln durch seine große Zahl ganz allein beschäftigt, schaffen sie es nicht, auch die anderen Blumen zu befliegen. Darum ist es für diese Blumen schwerer, sich auszubreiten, und der Löwenzahn behält die Wiese fast für sich allein …

Woher hat der Löwenzahn seinen Namen?
Der Löwenzahn trägt seinen Namen, weil seine grünen Blätter scharfe »Zähne« haben, wie ein Löwe. Früher, als es noch keine einheitlichen Pflanzennamen gab, benannten die Menschen Pflanzen oft nach ihrem Aussehen oder ihrer Wirkung. Deshalb gibt es für den Löwenzahn viele verschiedene Namen wie Butterblume, Pusteblume, Milchkraut oder Bettpisser. Den letzten Namen bekam er, weil man plötzlich Pipi machen muss, wenn man Löwenzahn isst.

Im Mai kann man sich einen Kranz aus Löwenzahnblüten flechten und auf den Kopf setzen. Vielleicht kommt dann eine Hummelkönigin zu Besuch.

Lappland-Löwenzahn

Gewöhnlicher Löwenzahn

Treu wie eine Hummel

Hummeln und Bienen sind ihren Blumen treu. Sie verlassen sie nicht einfach wegen einer anderen, die verlockend aussieht. Schnell lernen sie, die Blume zu erkennen, die ihnen Nahrung gibt. Die kleinen Flieger besuchen dann alle Blumen dieser Art, die sie nur finden können. Man sagt, Hummeln seien blütentreu.

Zurück zum Löwenzahn

Die Blütenkörbe des Löwenzahns bestehen aus vielen kleinen Blüten. In einem Korb sind es etwa zweihundert. Wenn die Blüten verblüht sind und die weißen Flaumbällchen zum Vorschein kommen, sieht man das Ergebnis: Aus jeder der zweihundert Blüten ist ein Samen geworden …

Wusstest du, dass es mindestens viertausend unterschiedliche Arten Löwenzahn auf der Erde gibt? In Europa wachsen über tausend Arten. Und jede Art ist anders!

Löwenzahnblüte

Sumpflöwenzahn

Weiße Taubnessel

Die längste Wiese der Welt

Immer mehr Blumen wachsen entlang von Wegen und Gräben. Die Wegränder sind wirklich dabei, die neuen Wiesen zu werden. Sie sind hübsch anzusehen, wenn man mit dem Fahrrad oder Auto unterwegs ist.

Die **Taubnessel** ist die »Brennnessel, die nicht brennt«. Daher wurde sie früher Blindnessel genannt. Aus den Blättern der Brennnessel kann man im Frühling Suppe kochen. Wer sich nicht verbrennen will, kann stattdessen Taubnessel nehmen.

Geruchlose Kamille

Geruchlose Kamille ähnelt einer Margerite, hat jedoch schmalere, dillartige Blätter. Außerdem ist sie weicher und schlängelt sich. Manchmal blüht sie so üppig, dass es aussieht, als würden weiße, schäumende Wellen durch den Acker wogen.

Die gelben Blüten vom **Hornklee** enden in einem kleinen Horn. Seinen Nektar begehren viele Insekten. Manchmal findest du auch rötliche Blüten, es handelt sich aber um die gleiche Pflanze.

Die runden Blütenkugeln der **Klette** bleiben sofort an dir hängen, wenn du dicht an ihnen vorbeistreifst. So soll es auch sein, denn auf diese Weise verbreitet sie ihre Samen. Sie sitzen in den Blütenkörben.

Der **Wiesenkerbel** überzieht die Grabenränder mit einem weißen Schleier, sobald der Sommer beginnt. An jeder Pflanze gibt es mehrere Tausend kleine weiße Blüten. Sie enthalten viel Nektar. Der säuerliche Geruch lockt kleine Käfer und andere Insekten an.

Weidenröschen sind mit die häufigsten Sommerblumen. Es gibt sie fast überall! Ihre Blätter kann man trocknen und einen leckeren Tee daraus kochen. Immer blühen die untersten Knospen als erste auf. Wenn die obersten aufgeblüht sind, ist der Sommer bald vorbei …

Hornklee

Wiesenkerbel
Klette
Weidenröschen

Wie locken Blumen Hummeln an?

Blumen versuchen auf vielen Wegen, Insekten anzulocken. Wegen der Insekten haben sie so schöne Farben, und wegen der Insekten duften sie auch so gut.

Für die Hummeln duften die Grabenränder genauso gut, wie es in der Küche riecht, wenn das Essen fertig ist.

Ungeschicktheit führt zum Ziel

Wenn eine Hummel eine Blume besucht, um Pollen und Nektar zu sammeln, bleiben überall in ihrem Pelz Pollenkörner hängen. Wenn sie zur nächsten Blume fliegt, nimmt sie diesen Pollen mit. Ohne dass sie es merkt, bleiben die Körner an den Stempeln der neuen Blüte kleben.

Genau das wollen die Blumen!

Wenn die Hummel nämlich Pollen von einer Wiesen-Glockenblume zur nächsten mitnimmt, wird diese befruchtet. Erst jetzt kann ein Samen in der Blume entstehen. Samen, aus denen neue Wiesen-Glockenblumen wachsen.

Das geschieht in der Blüte

Wenn die Pollenkörner am Stempel hängen geblieben sind, wachsen aus jedem Korn dünne, lange Schläuche durch den Stempel in den Fruchtknoten hinein. Durch sie werden die männlichen Zellen der Pollenkörner direkt bis ganz nach unten in die Samenanlage geführt. Dort verschmilzt eine der männlichen Zellen mit einer dort lagernden weiblichen Eizelle. Die Blume wird befruchtet. Die Samenanlage schwillt an, und ein Samenkorn wird gebildet.

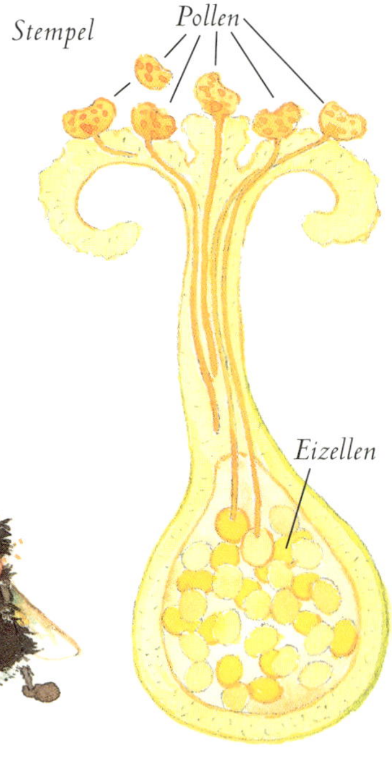

Wildes Stiefmütterchen

Hummeln lieben Blau und Gelb

Blau und Gelb sind die Farben, die Hummeln am besten sehen können. Darum fliegen sie gern zum Löwenzahn, zu Wiesen-Glockenblumen und anderen blauen und gelben Blumen. Am schlechtesten erkennen die Hummeln Rot. Rote Blumen werden dagegen oft von Schmetterlingen besucht.

Wegweiser für Hummeln

Manche Pflanzen sind mit regelrechten Wegweisern für Insekten versehen. An solchen Blumen sind deutlich dunkle Linien zu erkennen, wenn man genau hinguckt. Alle Linien zeigen in dieselbe Richtung – in die Mitte der Blüte. Andere Blumen haben in der Mitte einen gelben Punkt. Auch das ist ein deutliches Signal: Hier sollst du suchen! Alle diese Zeichen werden »Honigmale« genannt, da sie den Insekten den Weg zum Nektar und somit zum Honig zeigen.

Die Fliegen-Ragwurz

legt manche Insekten ordentlich herein. Die Blüte enthält keinen Nektar. Aber sie sieht aus wie das Weibchen einer kleinen Gallwespe. Wenn ein Gallwespenmännchen die Blüte entdeckt, fliegt es sofort hin, um sich zu paaren. Dabei wird die Blume befruchtet.

Fliegen-Ragwurz

Margerite
Scharfer Hahnenfuß
Echtes Labkraut
Echte
Schlüsselblume
Gamander-
Ehrenpreis
Frauenmantel

Sieben Blumen für einen Traumstrauß

Am Mittsommerabend, dem Fest zur Sommersonnenwende, soll man sieben verschiedene Blumen pflücken. Wenn man sie sich unters Kopfkissen legt, träumt man von dem, den man einmal heiraten wird. Das haben die Menschen jedenfalls früher geglaubt.

Die **Schlüsselblume** blüht schon im Mai, wenn der Kuckuck ruft. Deswegen wurde sie früher auch Kuckucksblume genannt. Für viele Menschen gleicht die Anordnung ihrer Blüten einem Schlüsselbund. Daher hat sie ihren heutigen Namen.

Der **Scharfe Hahnenfuß** ist vermutlich die am stärksten leuchtende Blume des Sommers. Er wird auch Butterblume genannt. Wenn man einen Strauß zum Trocknen im Haus aufhängt, behalten die Blumen den ganzen Winter über ihre Farbe.

Die **Margerite**, auch Pfaffenkragen genannt, hat einen weißen Kragen, genau wie der Pfarrer in der Kirche. Ist man verliebt, kann man die Blume befragen, ob es dem anderen Jungen oder Mädchen genauso geht. Dafür zupft man der Reihe nach jedes einzelne weiße Blütenblatt ab. Das erste bedeutet Ja, das nächste Nein. Die Antwort gibt das letzte Blatt.

Gamander-Ehrenpreis wächst dicht über der Erde, inmitten von Gras. Aus seinen Blüten kann man Tee kochen.

Das **Echte Labkraut** gedeiht am besten auf ganz trockenen Wiesen. Kaum eine andere Blume duftet so süß nach Sommer. Es wird erzählt, dass Maria das Jesuskind auf ein Lager aus Labkraut bettete. Wenn das stimmt, muss es in der Krippe wunderbar geduftet haben.

Auf den Blättern des **Frauenmantels** liegen oft kleine Tropfen. Das ist kein Tau. Die Tropfen kommen aus dem Inneren der Blätter. Wenn man sie trinkt, wird man angeblich wieder jung. Das hat man jedenfalls früher geglaubt. Man hat auch versucht, aus den Tropfen Gold herzustellen. Wusstest du, dass eine gewöhnliche Pflanze so aufregend sein kann?

Die **Bach-Nelkenwurz** ist eine geheimnisvolle Blume, die an kleinen Bächen und Quellen im Wald wächst. Die Hummeln holen sich gern Nektar aus ihrer Blüte.

Bach-Nelkenwurz

Katzenpfötchen

Dichter Hummelverkehr am Morgen

Hummeln fliegen meist morgens und am Nachmittag. Dann ist der Flugverkehr am dichtesten, und auf der Blumenwiese herrscht fast ein Gedränge. Mitten am Tag ist es ruhiger. Dann enthalten die Blumenblüten nämlich nicht so viel Nektar.

Eine Hummel muss mindestens hundert Blüten besuchen, bevor ihr Honigmagen voll ist.

In den meisten Blüten gibt es nur einen Tropfen Nektar, der genauso klein ist wie der Punkt hinter diesem Satz. Eine fleißige Hummel schafft es wohl, drei- oder vierhundert Blüten auf einem einzigen Flug zu besuchen. Sie unternimmt etwa sieben Flüge an einem Tag ...

Scharfer Mauerpfeffer

Der **Scharfe Mauerpfeffer** ist eine ungewöhnlich kluge Pflanze. In seinen runden Blütenstengeln speichert er Wasser. So kommt er mehrere Monate lang ohne Regen aus. Deshalb breitet er seine weichen gelben Teppiche auf den trockensten Stellen aus. Früher benutzte man die Pflanze als Schuhcreme. Die Schuhe wurden schön blank, wenn man sie mit der Pflanze einrieb.

Das **Katzenpfötchen** gleicht den weichen Pfoten einer Katze. Daher hat die Blume natürlich ihren Namen. Wenn man Katzenpfötchen pflückt, braucht man sie nicht ins Wasser zu stellen. Sie halten sich auch so sehr, sehr lange!

Die **Keusche Kuckuckshummel** sieht aus wie die meisten Hummeln, ist aber dennoch anders. Sie sammelt keinen Pollen und keinen Nektar. Stattdessen versucht sie, sich in Hummelnester zu schleichen und die Königin umzubringen. Gelingt es der Kuckuckshummel, legt sie ihre eigenen Eier ins Nest und lässt sie von den Arbeitshummeln füttern.

Weiße Lichtnelke
Echtes Seifenkraut
Kleiner Weinschwärmer
Wald-hyazinthe
Echtes Geißblatt

Linienschwärmer

Ligusterschwärmer

Darum duftet es nachts so gut

Nachts geschieht mehr, als man glaubt. Schon gegen Abend fängt es an zu duften. Denn manche Blumen blühen in der Dunkelheit auf und locken mit ihrem Duft Nachtfalter an. Am Tag riechen sie nach nichts. Es gibt viele Falter, die nur nachts fliegen. Auch sie bestäuben die Blumen, während sie den Nektar trinken. Farben können die Nachtfalter nur schwer erkennen, stattdessen haben sie einen feinen Geruchssinn. Deshalb haben Blumen, die nachts geöffnet sind, meistens schwache Farben, aber starke Düfte.

Kiefernschwärmer

Jetzt schlafen die Hummeln

Nachts schlummern die Hummeln in ihrem Nest. Sie fliegen abends ziemlich lange und wachen früh am Morgen auf. Aber nachts ist es ganz still im Nest.

Ziest-Silbereule

Das Geheimnis der Hummel

Morgens hört man ein durchdringendes Brummen aus dem Nest. Das sind die Hummeln. Sie stehen da und brummen, genau wie Flugzeuge auf der Startbahn.

Manchmal sagt man, Hummeln dürften eigentlich gar nicht fliegen können, weil ihre Flügel im Verhältnis zu dem runden, dicken Körper zu klein sind. Doch das wissen die Hummeln wohl nicht, und das ist ein Glück.

Aber leicht fällt ihnen das Fliegen dennoch nicht. Vorm Losfliegen müssen sie sich richtig aufwärmen. Ihre Körpertemperatur muss dreißig Grad betragen.

Beim Fliegen schlägt die Hummel etwa hundertachtzigmal in der Sekunde mit den Flügeln. Jeder Flügelschlag wird damit beendet, dass die Hummel den vorderen Rand der Flügel zusammenfaltet. Dabei bildet sich auf der Oberseite der Flügel ein kleiner Luftwirbel. Das ist das Geheimnis der Hummel. Dieser kleine Luftwirbel erzeugt den Auftrieb, sodass Hummeln abheben und fliegen können, trotz ihres Gewichts!

Im Sommerregen

Regen ist nicht gut für Blüten. Er kann die empfindlichen Staubgefäße zerstören. Deshalb schließen viele Blumen ihre Blüte an Regentagen oder neigen sich zur Erde, um die Staubgefäße zu schützen.

Glockenblumen beugen ihre Stängel, sodass alle Blüten nach unten hängen. In ihnen suchen Insekten Schutz. Man stelle sich vor, in einer Glockenblume zu sitzen und zu hören, wie der Sommerregen aufs Dach trommelt!

Eine kleine Biene schläft nachts in der blauen Glockenblume. Sie heißt Scherenbiene und befruchtet die Blüte, wenn sie zum Schlafen hineinkriecht.

Sprichst du die Sprache der Blumen?

Früher schenkte man einander häufig Blumen, um sich etwas zu sagen. Jede Blume hatte eine bestimmte Bedeutung. Verschenkte man eine Brennnessel, bedeutete das: Sei nicht so vorlaut. Eine rote Rose bedeutete: Ich liebe dich. Eine blaue Glockenblume, die sich neigte, sodass man ihr Inneres nicht sehen konnte, bedeutete: Behalte unser Geheimnis für dich.

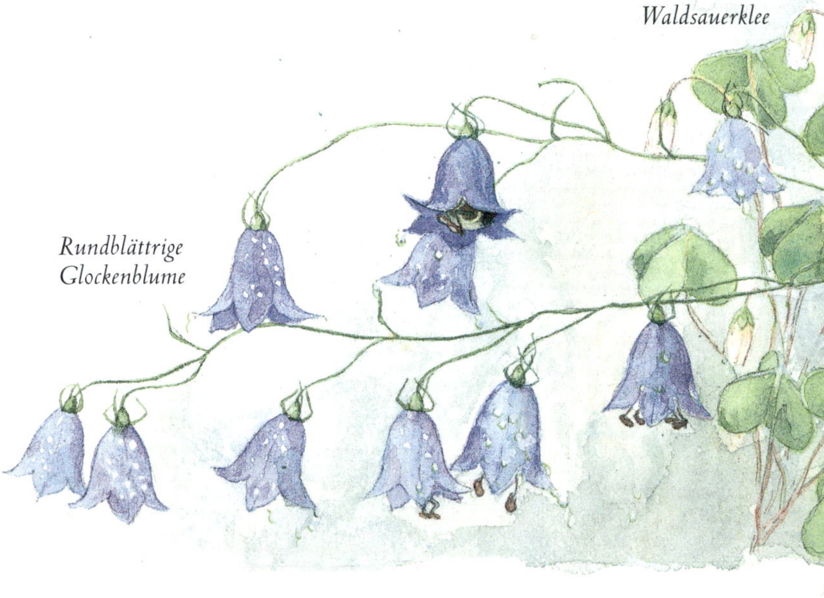

Acker-
Glockenblume
Pfirsichblättrige
Glockenblume
Rundblättrige
Glockenblume

Einblütige Glockenblume

Glockenblumen überall

Es gibt mehr als dreihundert verschiedene Arten von Glockenblumen auf der Erde. Manche von ihnen sind so genügsam, dass sie fast wie Unkraut wachsen. Die Rundblättrige Glockenblume kommt bei uns am häufigsten vor.
In den Bergen gibt es eine mit winzigen Glöckchenblüten, die Einblütige Glockenblume.

Am Rand von alten Gärten sieht man manchmal eine blaue Glockenblume mit großen Blättern. Sie heißt Acker-Glockenblume. Ihre Wurzeln sind rübenartig verdickt. In vergangenen Zeiten wurde sie deshalb eigens angepflanzt, und man aß ihre Wurzeln wie Kartoffeln.

Röcke und Kirchenglocken
Manche Menschen glaubten, dass die Glockenblumen Röcke von Elfen waren, die zum Trocknen in der Sonne hingen. Aber wer glaubt heute noch an Elfen?

Bevor es Filzstifte und Kugelschreiber gab, wurde aus blauen Glockenblumen Tinte gemacht.

Man glaubt, dass die Menschen erst durch die Glockenblumen auf die Idee gekommen sind, Kirchenglocken nach ihrem Vorbild zu formen. Vielleicht war es so. Denn Kirchenglocken und blaue Glockenblumen sind einander ja wirklich ähnlich.

Es gibt eine Hummel, die besonders häufig blaue Glockenblumen besucht. Sie heißt Distelhummel.

Die Duftsprache der Hummeln

Düfte spielen eine große Rolle im Leben der Hummel. Jede Hummelart hat ihren eigenen Geruch. Am stärksten riechen die Männchen. Mithilfe ihres blumigen Parfüms locken sie die Weibchen an.

Will die Hummel nach Hause in ihr Nest, muss sie häufig mehrere Meter durch stockfinstere Tunnel unter der Erde kriechen. Den Weg findet sie, indem sie den Duftspuren folgt, die zum Nest führen. Denn auch jedes Nest hat seinen eigenen Duft, und eine Hummel, die falsch riecht, wird nicht eingelassen.

Wenn eine Wühlmaus dem Nest zu nahe kommt, verspritzt die Hummel ein stinkendes Sekret, um die Maus zu warnen. Dann kriegt die Wühlmaus Angst und flieht. Manchmal vertreiben Hummeln Wespen auf die gleiche Art!

Wenn die Hummel Nektar aus den Blüten sammelt, hinterlässt sie auch dort ein Duftzeichen. Damit behält sie den Überblick, welche Blüten sie schon besucht hat. Es dauert nämlich eine Weile, ehe es neuen Nektar in den Blüten gibt.

Manchmal stoßen Hummeln mit Grashalmen zusammen und fallen auf die Erde. Dann sind sie ein bisschen verwirrt und wissen nicht, aus welcher Richtung sie gekommen sind. Sind sie wieder in der Luft, erkennen sie aber schnell ihr Duftzeichen an einer Blume. Dann finden sie sich wieder zurecht.

Der Rüssel entscheidet

Beim Wiesenklee sitzt der Nektar tief in der Blüte. Er wird von Hummeln mit langem Rüssel besucht, wie der Deichhummel. Die Länge des Rüssels entscheidet also, zu welchen Blumen die verschiedenen Hummeln fliegen. Der Rüssel der Eisenhuthummel ist genauso lang wie die ganze Hummel. Sie holt fast allen Nektar aus einer einzigen Blume: dem Eisenhut. Eine Hummel, die Bergwaldhummel heißt, hat einen so kurzen Rüssel, dass sie Löcher in die Blüten beißen muss, um eine Abkürzung zum Nektar zu nehmen.

Aus Blüten werden Beeren

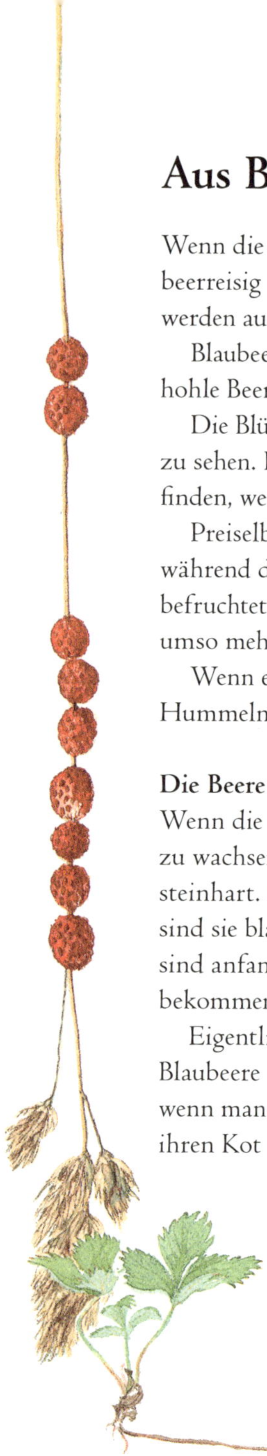

Wenn die Blaubeeren blühen, fällt das nur wenigen Menschen auf. Das Blaubeerreisig blüht, um Insekten anzulocken. Wenn keine Insekten kommen, werden aus den Blüten keine Blaubeeren. Dann welken sie und fallen ab.

Blaubeeren haben rote Blüten mit einem weißen Kragen. Fast sehen sie wie hohle Beeren aus.

Die Blüten der Walderdbeeren leuchten weiß und sind schon von Weitem zu sehen. Darum sind Erdbeerstellen am einfachsten im Frühsommer zu finden, wenn die Blüten sie verraten. Diese Stellen muss man sich merken.

Blaubeerfruchtansatz

Preiselbeeren und Himbeeren werden fast nur von Hummeln bestäubt, während die Walderdbeeren von kleinen Sandbienen und Furchenbienen befruchtet werden. Je mehr Hummeln und Bienen es in unseren Wäldern gibt, umso mehr Beeren gibt es auch.

Wenn es zur Blaubeerblüte kalt und regnerisch ist, fliegen nicht so viele Hummeln. Dann wird es ein schlechtes Blaubeerjahr.

Die Beere ist ein Samenbeutel

Blaubeerblüten

Wenn die Blüten befruchtet sind, fangen die Beeren an zu wachsen. Die Blaubeeren sind zunächst grün und steinhart. Dann werden sie rötlich. Wenn sie reif sind, sind sie blau oder fast schwarz. Die Walderdbeeren sind anfangs grün und werden weiß, bevor sie reifen und ihre rote Farbe bekommen.

Eigentlich ist die Beere nur der Behälter für die Samen. Diese liegen in der Blaubeere innen und auf der Walderdbeere außen. Man spürt sie im Mund, wenn man die Beeren isst. Oft fressen Waldtiere oder Vögel die Beeren. Durch ihren Kot verbreiten sich die Samen.

Walderdbeeren kann man auf einen Grashalm fädeln. Riech an ihnen, bevor du sie isst. Keine Beere riecht so sehr nach Sommer wie diese.

Blaubeeren
Walderdbeeren

Ein guter Tag für die Samenverbreitung

An einem klaren, windigen Tag ist die Luft voller weißer Fallschirme. Der Löwenzahn verbreitet seine Samen! Denn er und viele andere Blumen nehmen den Wind zuhilfe, um ihre Samen an andere Orte zu schicken.

Der Löwenzahn blüht tatsächlich zweimal. Einmal im Frühsommer und einmal im Spätsommer. Kurz nach der Blüte werden die Samen verbreitet.

Was eben noch ein gelber Löwenzahn mit zweihundert kleinen Blütenblättern war, ist jetzt der Startplatz für zweihundert Samen an ihren Fallschirmen. Bereit zum Flug ihres Lebens …

Löwenzahn

Hummelliebe in der Luft

Gegen Ende des Sommers werden im Hummelnest keine Arbeiterinnen mehr geboren, sondern nur noch Männchen, Drohnen genannt, und künftige Königinnen. Sie sind viel größer als Arbeitshummeln. Einige Tage nach dem Schlüpfen ist es für die Hummeln an der Zeit, sich zu paaren. Dazu locken die Männchen die Weibchen, indem sie auf Blättern und Baumstämmen Duftspuren hinterlassen. Manche Männchen duften wie Lindenblüten, andere ein bisschen nach Zitrone.

Die Paarung selbst geschieht in der Luft. Es ist ein bisschen heikel, denn das Weibchen muss aufpassen, dass sie das Männchen nicht mit ihrem Stachel sticht. Das Männchen hingegen hat keinen Stachel.

Danach hängen ihre Hinterleiber fest zusammen. Sie können nicht fliegen und sinken langsam zur Erde. Häufig bleiben sie in einem Busch hängen.

Die Männchen sterben bald nach der Paarung. Aber die befruchteten Weibchen werden noch ein ganzes Jahr leben. Sie werden die Königinnen des nächsten Jahres. Davor halten sie aber erst einmal Winterschlaf.

Stechen Hummeln?

Man hat selten von jemandem gehört, der von einer Hummel gestochen wurde. Deswegen glauben viele, dass Hummeln keinen Stachel haben.
Aber das ist falsch. Genau wie bei Bienen und Wespen sind es die Weibchen, die einen Stachel haben. Wird man gestochen, spürt man ein Brennen. Aber Hummeln sind so ruhig und geduldig, dass sie ihren Stachel fast nie benutzen. Vielleicht lässt sich die ein oder andere Hummel sogar streicheln, wenn man vorsichtig ist.

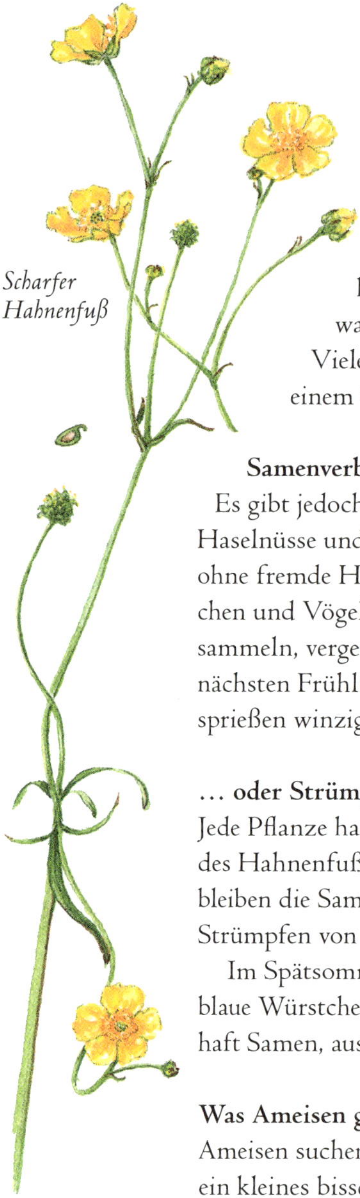

Scharfer Hahnenfuß

Der Samen – das Gedächtnis der Blume

Der Samen weiß alles über die neue Blume: welche Farbe sie haben wird, wie groß sie sein wird, wann sie anfangen muss zu wachsen, wann ungefähr sie blühen wird und wann sie verwelkt. Viele Blumen haben Samen, die so klein sind wie die Punkte über einem Ö. Trotzdem enthalten sie alle notwendigen Anlagen.

Samenverbreitung durch vergessliche Tiere …

Es gibt jedoch auch richtig große Samen. Zum Beispiel Haselnüsse und Eicheln. Sie sind so schwer, dass sie sich ohne fremde Hilfe kaum verbreiten könnten. Eichhörnchen und Vögel, die die Nüsse als Futter für den Winter sammeln, vergessen manche ihrer Verstecke. Schon im nächsten Frühling sieht man das Ergebnis: Im Wald sprießen winzige Bäumchen aus den vergessenen Samen.

… oder Strümpfe und Kothäufchen

Jede Pflanze hat eine eigene Methode, ihren Samen zu verbreiten. Die Samen des Hahnenfußes haben einen kleinen Haken. Streift eine Katze vorbei, bleiben die Samen in ihrem Fell hängen, manchmal haken sie sich auch in den Strümpfen von Kindern fest.

Im Spätsommer frisst der Fuchs viele Blaubeeren. Dann legt er elegante blaue Würstchen auf Grasbüschel und Baumstämme. In diesen gibt es massenhaft Samen, aus denen neue Heidelbeersträucher wachsen können.

Was Ameisen gern naschen

Ameisen suchen nach den Samen von Leberblümchen. An jedem Samen sitzt ein kleines bisschen Fett. Das zählt zur Lieblingsnahrung der Ameisen. Sie tragen die Samen nach Hause in ihren Ameisenhaufen. Aber einige fressen sie schon auf dem Heimweg. Wenn sie das Fett abgeschleckt haben, lassen sie die Samen zurück. So wird das Leberblümchen verbreitet.

Samen mit Schwimmweste

Die Samen der Sumpfdotterblume werden über Wasser verbreitet. Wenn ein Regentropfen zwischen die Samen fällt – blupp! – , schwimmen die Samen mit ihm davon. Alle tragen eine Art Schwimmweste. Das ist schlau, da Sumpfdotterblumen besonders an Bächen und Seen wachsen.

Es riecht nach Herbst

Der Waldboden ist mit einer dicken Schicht Laub bedeckt. Manchmal halten Menschen Herbstlaub für Abfall. Aber für Millionen von kleinen Lebewesen, die unter der Erde leben, ist es ein leckeres Fressen, ein bisschen wie Chips.

Jede Nacht ziehen Regenwürmer Laub in ihre Gänge. Sie mümmeln es in sich hinein und scheiden danach einen kleinen Kringel aus feiner Erde aus.

In der Natur wird nichts weggeworfen. Alles wird Jahr für Jahr wiederverwertet (na ja, nur der Pollen nicht). Diese Wiederverwertung all dessen, was verwelkt ist, lässt es draußen »nach Herbst riechen«.

Unter dem Laubteppich sprießen sogar schon wieder einige Blumensamen. Die allerersten Frühlingsblumen sind fast fertig.

Wenn es kühler wird, wird es allmählich still im Hummelnest. Es schlüpfen keine neuen Larven mehr. Eine Arbeitshummel nach der anderen fliegt davon, um zu sterben. Ihre Flügel sind nach der Plackerei im Sommer ganz zerfetzt. Am Ende ist nur noch die Königin übrig. Bald stirbt auch sie.

Die Hummel bereitet sich ein Winternest

Aber neue, junge Hummelköniginnen suchen schon nach geeigneten Orten für ihr Winternest. Sie fliegen an Wegrändern entlang und über Wiesen. Hat eine Hummelkönigin eine passende Stelle gefunden, bohrt sie sich bis zu zehn Zentimeter tief unter die Erdoberfläche. Dort gräbt sie ein Loch, das so groß wie eine Weintraube ist.

Sie polstert es nicht aus, sondern legt sich auf die nackte Erde. An der Oberfläche ist nur der kleine Erdhügel zu sehen, der durch das Graben entstanden ist.

Nicht die Kühle des Herbstes ist entscheidend, wann die Königinnen damit anfangen, sich ein Winternest zu bauen. Wenn die Tage kürzer werden, wissen sie, dass es so weit ist.

Blumenpflücken auf der Winterwiese

Auf der Winterwiese stehen immer noch Glockenblumen. Sie sind ganz starr. Wenn der Wind hineinfährt, raschelt es leise. Das sind die Samen der Glockenblumen, die sich verbreiten.

Wo kürzlich noch eine Blüte saß, sitzt nun ein hartes Samengehäuse mit kleinen Löchern an der Spitze. Sie funktionieren wie ein Salzstreuer: Ist es windig, werden ein paar Samen hinausgeworfen, so wie wir unser Essen salzen. Mit dem Schnee können die Samen weit weggetragen werden.

Blumen, die stehen bleiben und im Winter Samen verbreiten, werden Wintersteher genannt. Man kann Schlüsselblumen, Schafgarbe, Margeriten, Wiesenkerbel, Mädesüß, Johanniskraut und einige andere Pflanzen finden. Man kann sie auch pflücken, aber man muss erst die Samen ausschütteln.

Denn im Winter leben fast alle Kleinvögel von Samen. Diese enthalten Fett und andere wichtige Nährstoffe. Nahrung, von der die kleine Pflanze hätte leben sollen, wenn der Samen gesprossen wäre.

Echtes Mädesüß

Schnee als wärmende Decke

Schnee enthält sehr viel Luft. Deswegen wird es unter ihm nie kalt. Wenn draußen zwanzig Minusgrade herrschen, sind es unter der Schneedecke null Grad. Viele Pflanzen überwintern in der Erde unterm Schnee. Sobald die Frühlingssonne den Schnee schmilzt, fangen sie an zu wachsen.

Noch liegt die neue Hummelkönigin steif gefroren in ihrem Nest. Es sieht aus, als sei sie tot oder als würde sie tief schlafen. Sie liegt im Halbschlaf. Deshalb tut sie nichts.

Aber in einigen Monaten, im April, wenn es wirklich warm wird, erwacht sie und kriecht durch den Gang zurück nach oben.

Dann können wir sehen, wie sie zwischen den ersten Frühlingsblumen angebrummt kommt.

Echtes Johanniskraut

So kannst du den Hummeln helfen

Einige Hummelarten haben Schwierigkeiten, Nahrung zu finden, weil es kaum noch Wildblumen gibt. Manche Hummelarten sind bereits ausgestorben oder zumindest stark gefährdet.

Eine gute Nachricht für die Hummeln ist, dass immer mehr Menschen immer mehr Blumen in ihren Gärten anpflanzen. Und es gibt viele Pflanzen, die Hummeln und Menschen gleichermaßen mögen.

Gewürzpflanzen sind gute Hummelpflanzen. Zum Beispiel Oregano, Ysop, Minze, Thymian, Rosmarin, Basilikum, Lavendel und Zitronenmelisse.

Das Gleiche gilt für Erbsengewächse (deren Samen in der länglichen Schote sitzen). Hummeln mögen auch Schmuckblumen wie Eisenhut, Fingerhut und Löwenmäulchen.

Die blauen Blüten von Borretsch, Echtem Beinwell, Echter Ochsenzunge und Natternkopf sind wunderbare Gewächse für Hummeln. Wenn du diese Kräuter säst, wird dein ganzer Garten summen!

Hummeln mögen auch Salweiden, Obstbäume, Rosskastanien, Stachel- und Johannisbeerbüsche und Himbeeren.

Lass Weißklee und Löwenzahn auf eurem Rasen blühen.

Und warum nicht einen Teil des Gartens in eine Wildwiese verwandeln, wo die Hummeln vielleicht einen Platz finden, um ein Nest zu bauen?

Neugierig auf die Natur?
Wenn man draußen in der Natur ist, hat man manchmal das Gefühl, dass das Leben, unseres und das der Tiere und Pflanzen, ein wunderbares Mysterium ist. Ein großes Puzzle, in dem man selbst nur ein ganz kleines Teil ist, und die Bewohner der Natur sind die anderen Teile.

Es gibt so viele Wege in die Natur. Man kann als Waldläufer oder Pfadfinder anfangen. Man kann angeln, Vögel beobachten, Pflanzen bestimmen oder vielleicht Insekten erforschen.

Bei allem, was wir tun, sollten wir nie vergessen, wie wichtig alle Lebewesen sind. Wenn es eines Tages keine Hummeln mehr geben sollte, gibt es auch schon bald viele Pflanzen nicht mehr. Bei einigen würde uns das vielleicht nicht einmal auffallen, schade wäre es trotzdem um sie. Andere wiederum brauchen wir auch sehr dringend, weil sie uns Nahrung schenken. Obstbäume zum Beispiel. Wer möchte schon auf süße Kirschen und saftige Äpfel verzichten? Darum: Werde Hummel- und Pflanzenschützer!

Die Hummeln der Welt

Im Augenblick gehen die Forscher davon aus, dass es zweihundertneununddreißig Arten Hummeln auf der Welt gibt und mindestens hundert Arten Kuckuckshummeln. Hummeln leben am liebsten dort, wo es nicht zu warm ist. Sie können sich ja selbst erwärmen und so auch bei niedrigen Temperaturen fliegen. Kühlere Länder wie Schweden oder Norwegen sind gute Hummelländer mit vielen verschiedenen Arten. In wärmeren Ländern wie Griechenland und Spanien gibt es nicht so viele Arten und in großen Teilen Afrikas leben gar keine Hummeln.

Alle Hummeln sind in verschiedenen Farben gestreift. Die Streifen sind eine Warnung für die Vögel, die Insekten fressen. Vögel lernen schnell, dass Hummeln stechen können, und lassen sie in Frieden.

Dieselbe Hummelart kann durchaus unterschiedlich aussehen. Oft haben sie verschiedene Farben oder sind unterschiedlich hell und dunkel.

Bekannte Hummelarten

An dieser Stelle findest du unsere häufigsten heimischen Hummelarten. Zuerst ihren deutschen Namen, dann ihren wissenschaftlichen auf Lateinisch.

Dunkle Erdhummel *Bombus terrestris*
Helle Erdhummel *B. lucorum*
Kryptische Hummel *B. cryptarum*
Distelhummel *B. soroeënsis*
Steinhummel *B. lapidarius*
Baumhummel *B. hypnorum*
Heidehummel *B. jonellus*
Wiesenhummel *B. pratorum*
Berghummel *B. monticola*
Gartenhummel *B. hortorum*
Feldhummel *B. ruderatus*
Obsthummel *B. pomorum*
Deichhummel *B. distinguendus*
Eisenhuthummel *B. gerstaeckeri*
Erdbauhummel *B. subterraneus*
Ackerhummel *B. pascuorum*
Veränderliche Hummel *B. humilis*
Mooshummel *B. muscorum*
Waldhummel *B. sylvarum*
Grashummel *B. ruderarius*
Sandhummel *B. veteranus*
Alpenhummel *B. alpinus*
Bergwaldhummel *B. wurflenii*

Felsen-Kuckuckshummel *Psithyrus rupestris*
Feld-Kuckuckshummel *P. campestris*
Bärtige Kuckuckshummel *P. barbutellus*
Angebundene Kuckuckshummel *P. bohemicus*
Keusche Kuckuckshummel *P. vestalis*
Wald-Kuckuckshummel *P. sylvestris*
Norwegische Kuckuckshummel *P. norvegicus*
Vierfarbige Kuckuckshummel *P. quadricolor*
Gelbe Alpenkuckuckshummel *P. flavidus*
Kinnbacken-Kuckuckshummel *P. maxillosus*

Vergissmeinnicht

Grashummel
Waldhummel
Steinhummel
Felsen-Kuckuckshummel
Ackerhummel
Wiesenhummel
Baumhummel
Veränderliche Hummel
Dunkle Erdhummel
Gartenhummel
Helle Erdhummel
Angebundene Kuckuckshummel

Blumenregister

*Wintersteher

Weitere Informationen zum Kinder- und Jugendbuchprogramm der S. Fischer Verlage
finden Sie unter www.fischerverlage.de

Aus Verantwortung für die Umwelt hat sich der Fischer Kinder- und Jugendbuch Verlag zu einer nachhaltigen Buchproduktion verpflichtet. Der bewusste Umgang mit unseren Ressourcen, der Schutz unseres Klimas und der Natur gehören zu unseren obersten Unternehmenszielen.

Gemeinsam mit unseren Partnern und Lieferanten setzen wir uns für eine klimaneutrale Buchproduktion ein, die den Erwerb von Klimazertifikaten zur Kompensation des CO_2-Ausstoßes einschließt.

Weitere Informationen finden Sie unter
www.klimaneutralerverlag.de

Für die fachliche Beratung danken wir
Dr. Jörg Stockhaus, Olching

FSC www.fsc.org MIX Papier aus verantwortungsvollen Quellen FSC® C010651

4. Auflage 2021

Erschienen bei FISCHER Sauerländer

Titel der Originalausgabe:
Humlans Blomsterbok

Übersetzung aus dem Schwedischen: Angelika Kutsch
Für die deutschsprachige Ausgabe:

Umschlaggestaltung, Layout und Satz:
Norbert Blommel, MT-Vreden
Printed at Narayana Press, Denmark
ISBN 978-3-7373-5493-6